"That love is inexhaustible, you will be there"

forever

THIS BOOK Belongs to

Visit Our Author Page At

amazon.com

Scan me

Color This Flamingo

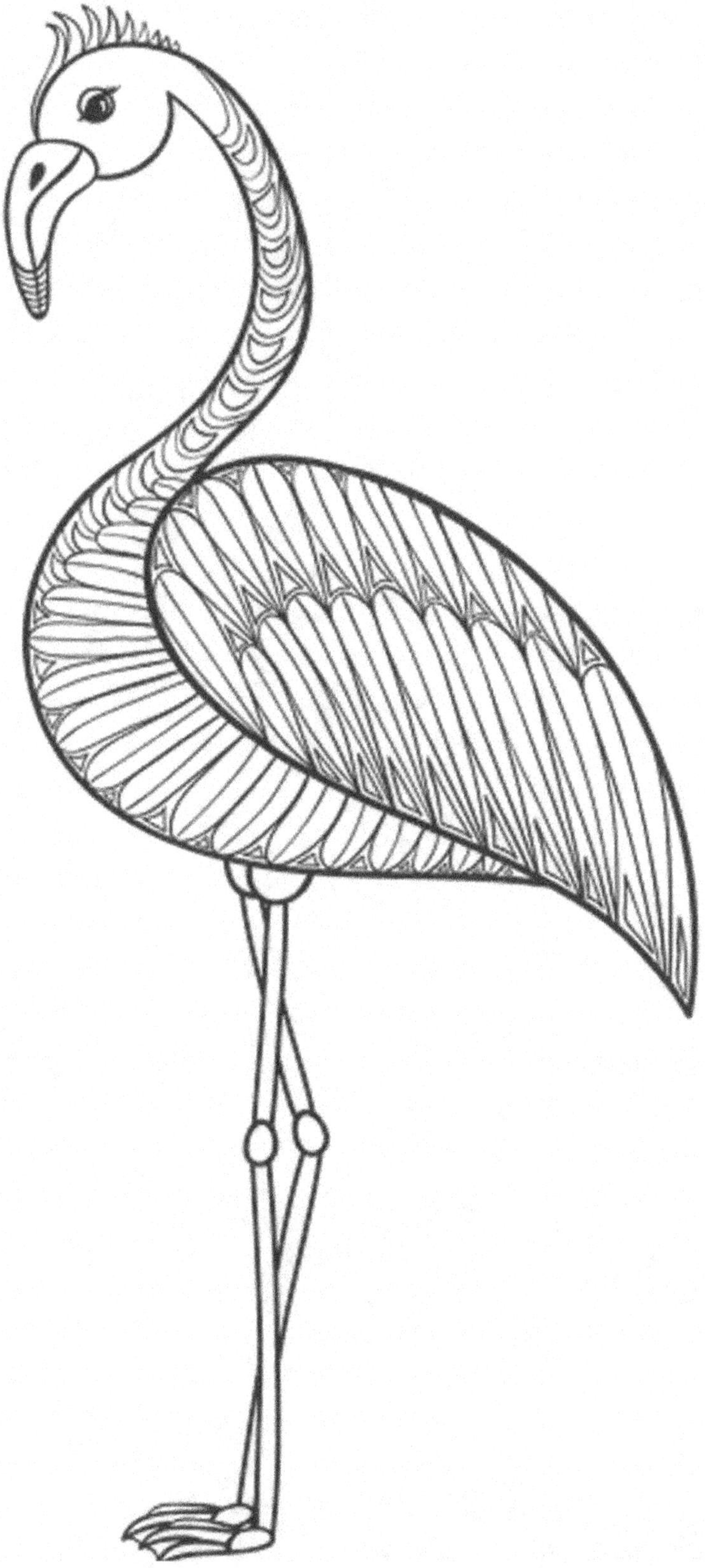

Color This Flamingo

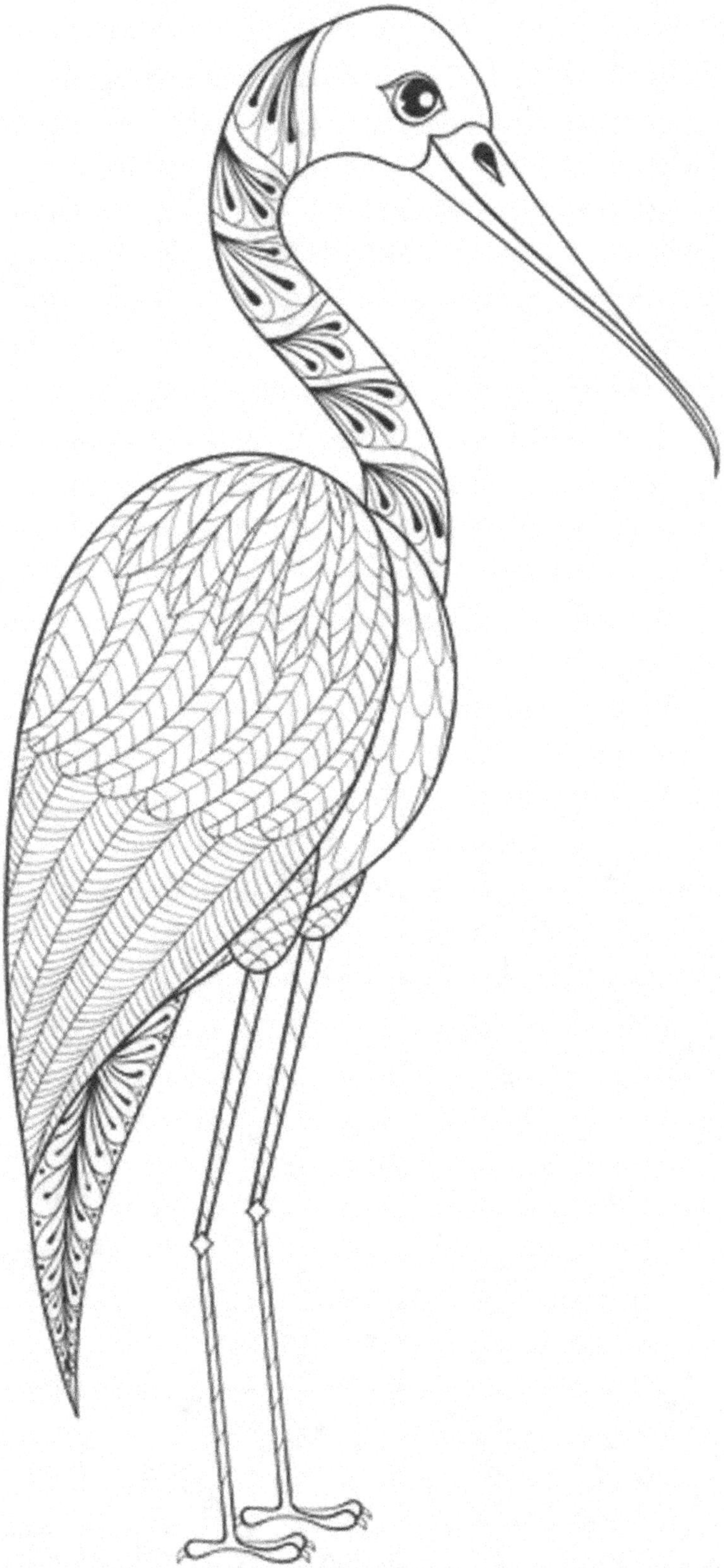

Color This Flamingo

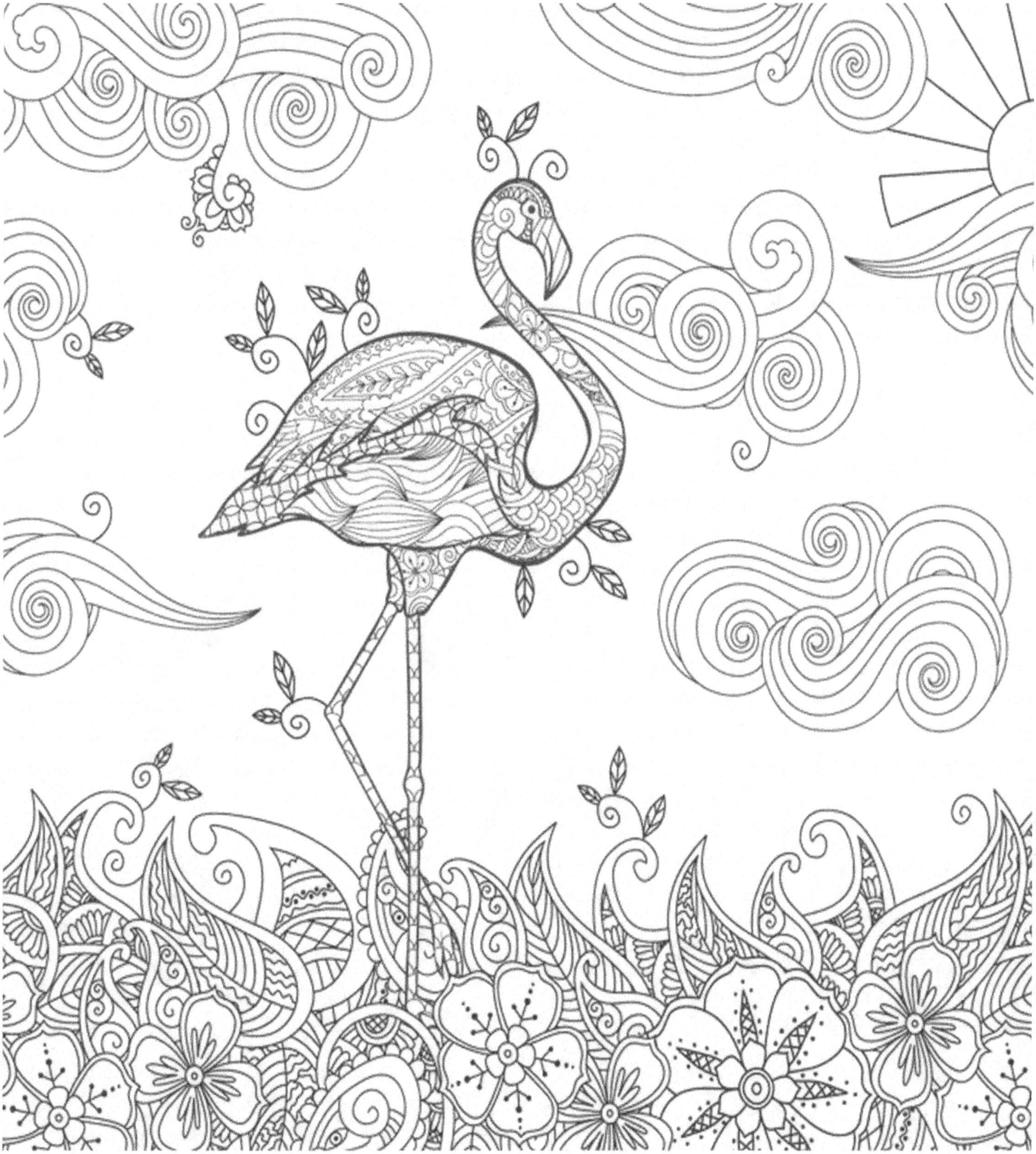

Color This Flamingo

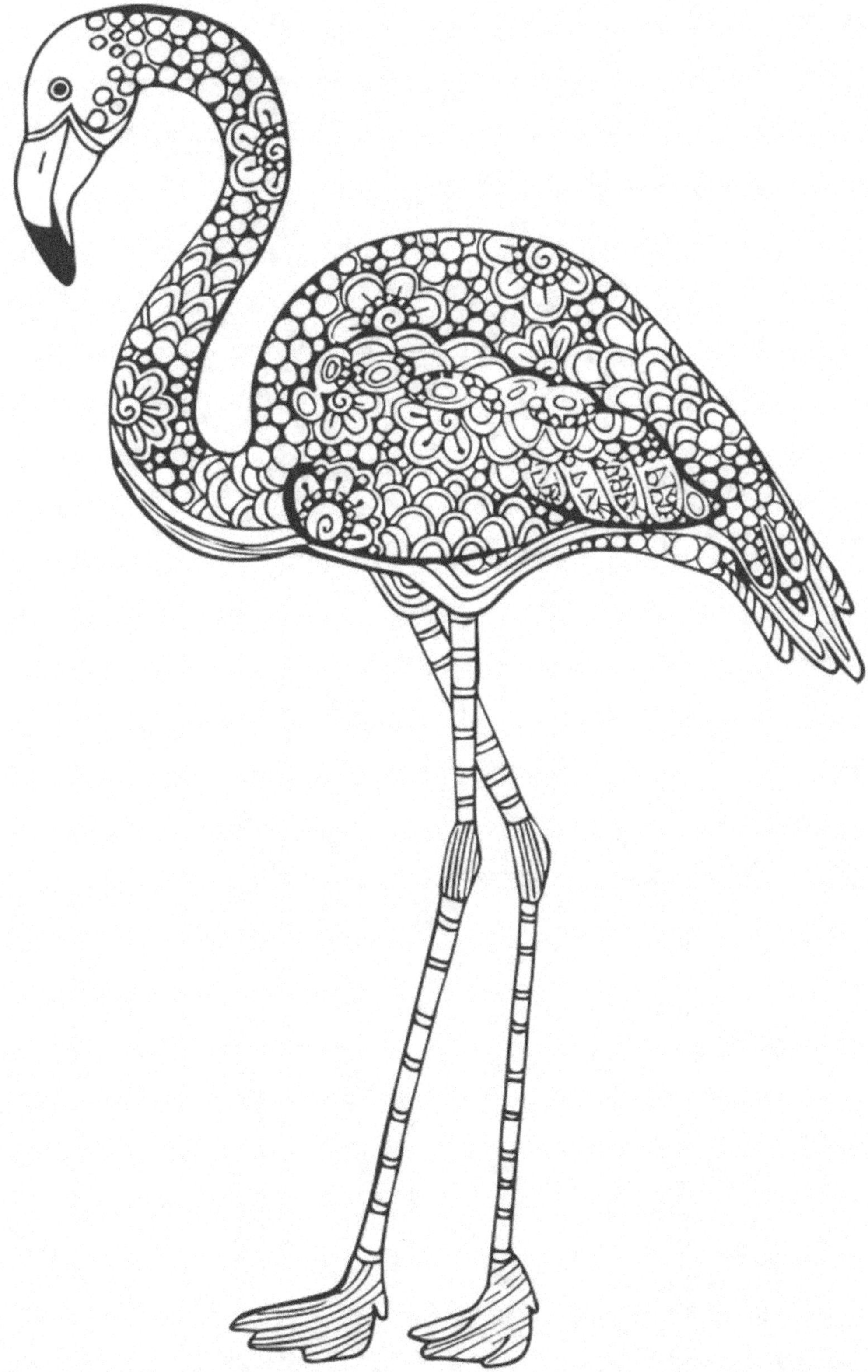

Color This Flamingo

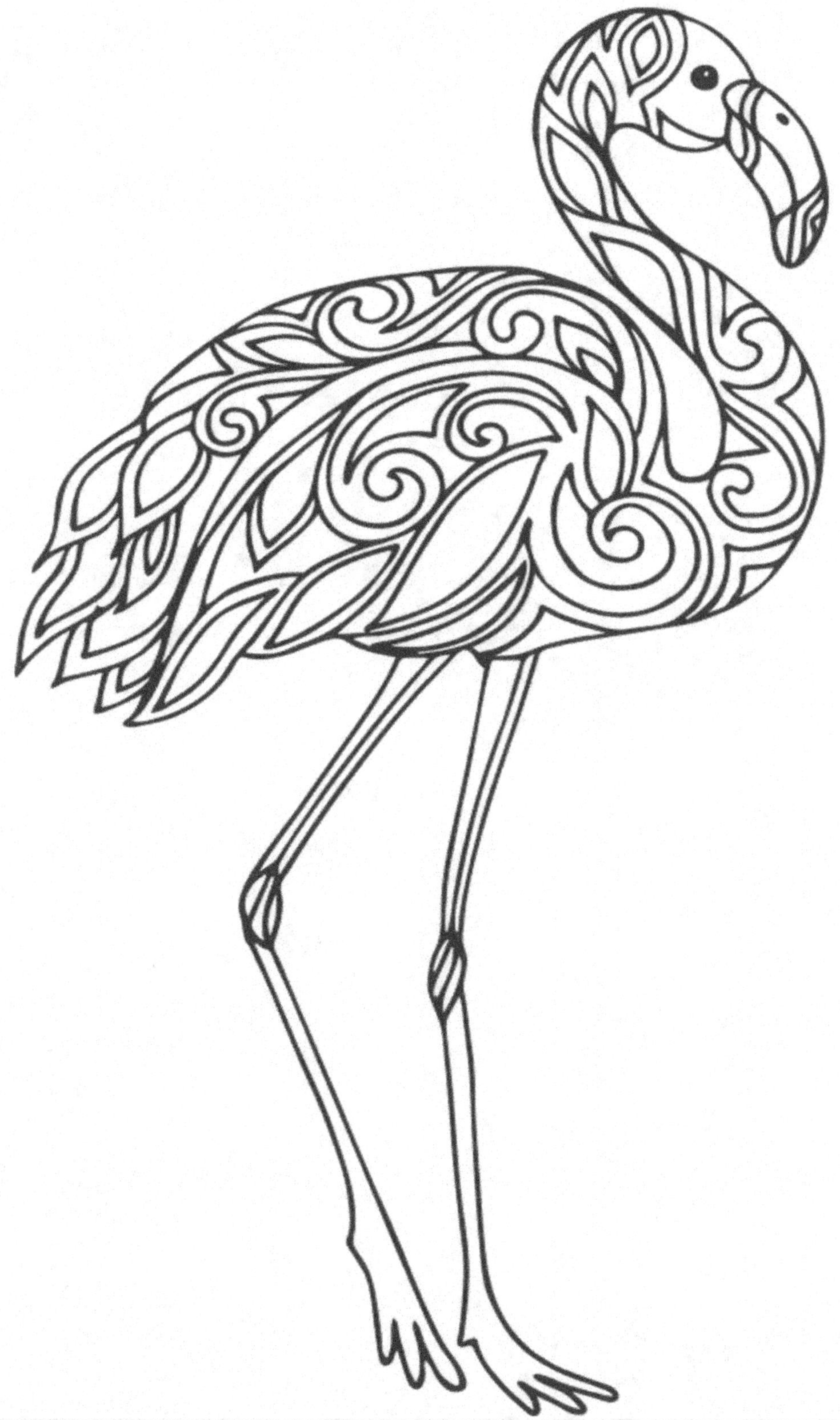

Color This Flamingo

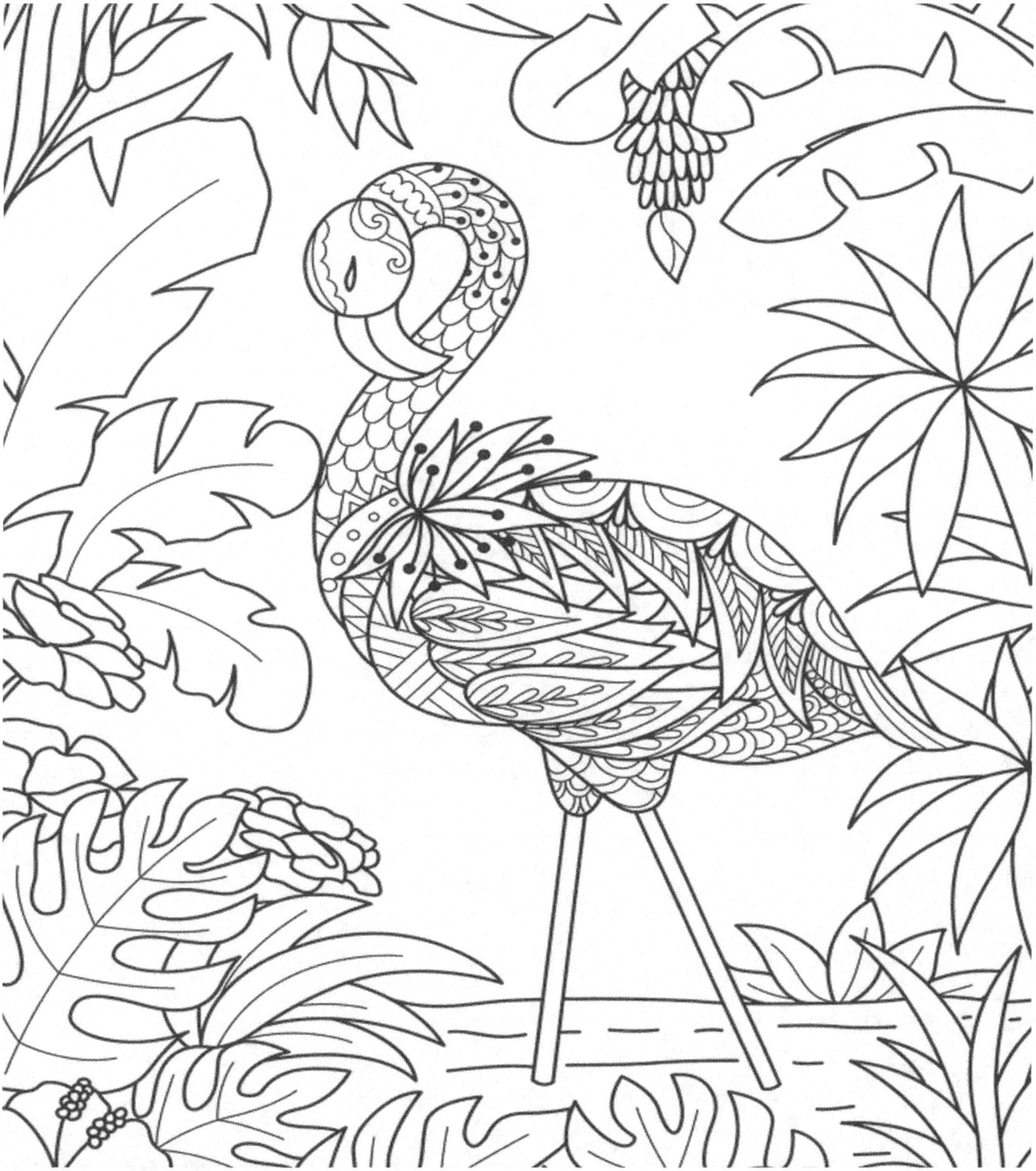

Color This Flamingo

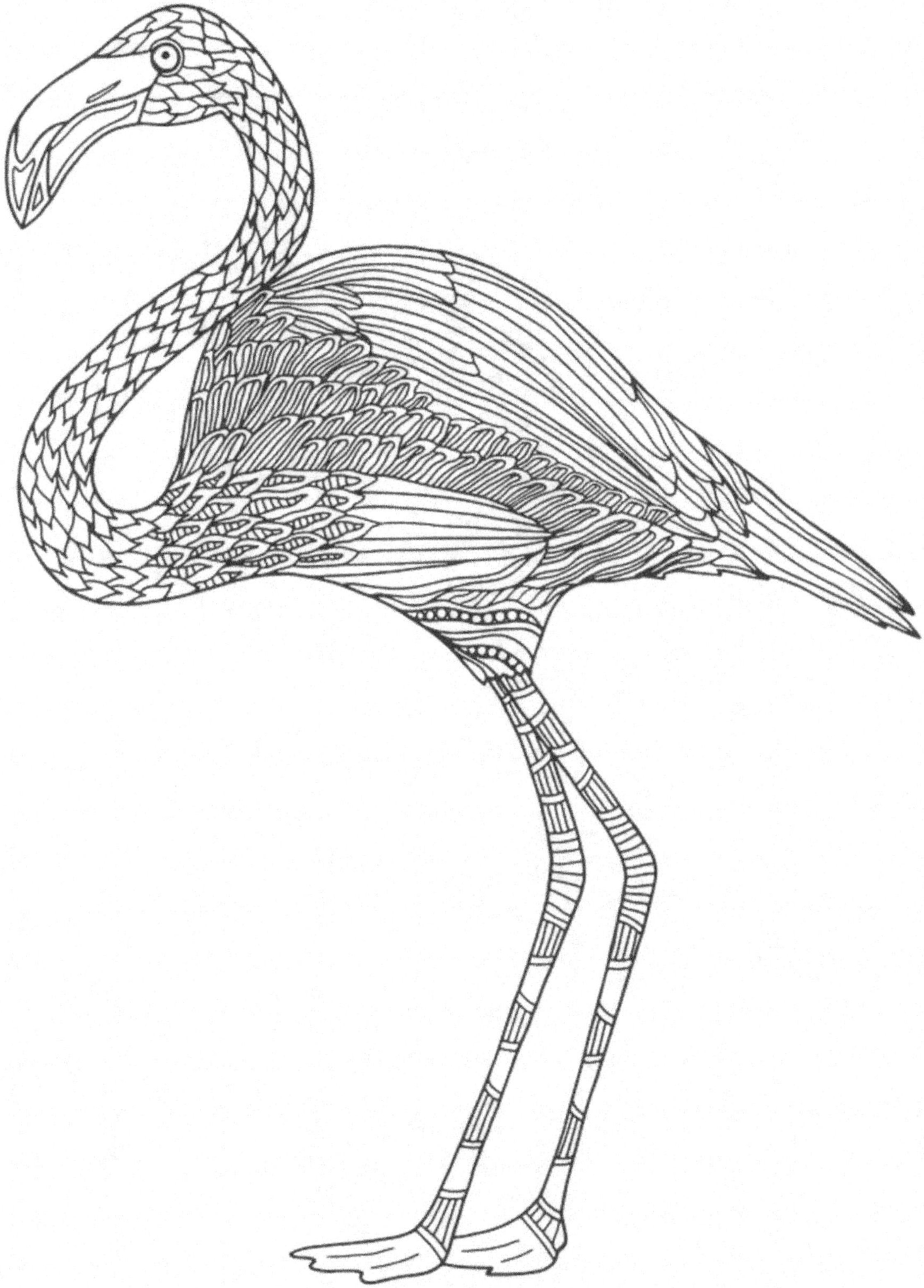

Color This Flamingo

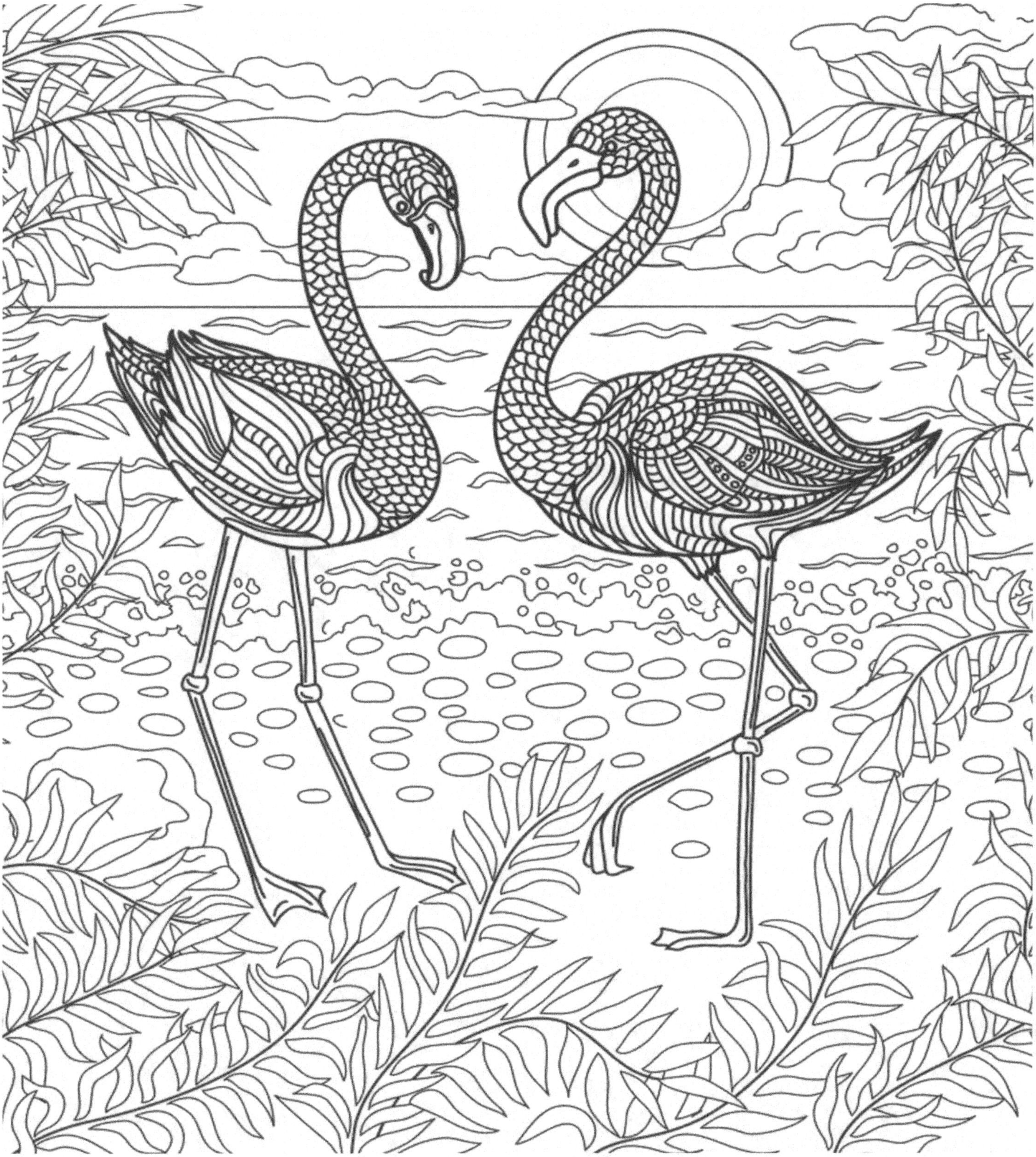

Color This Flamingo

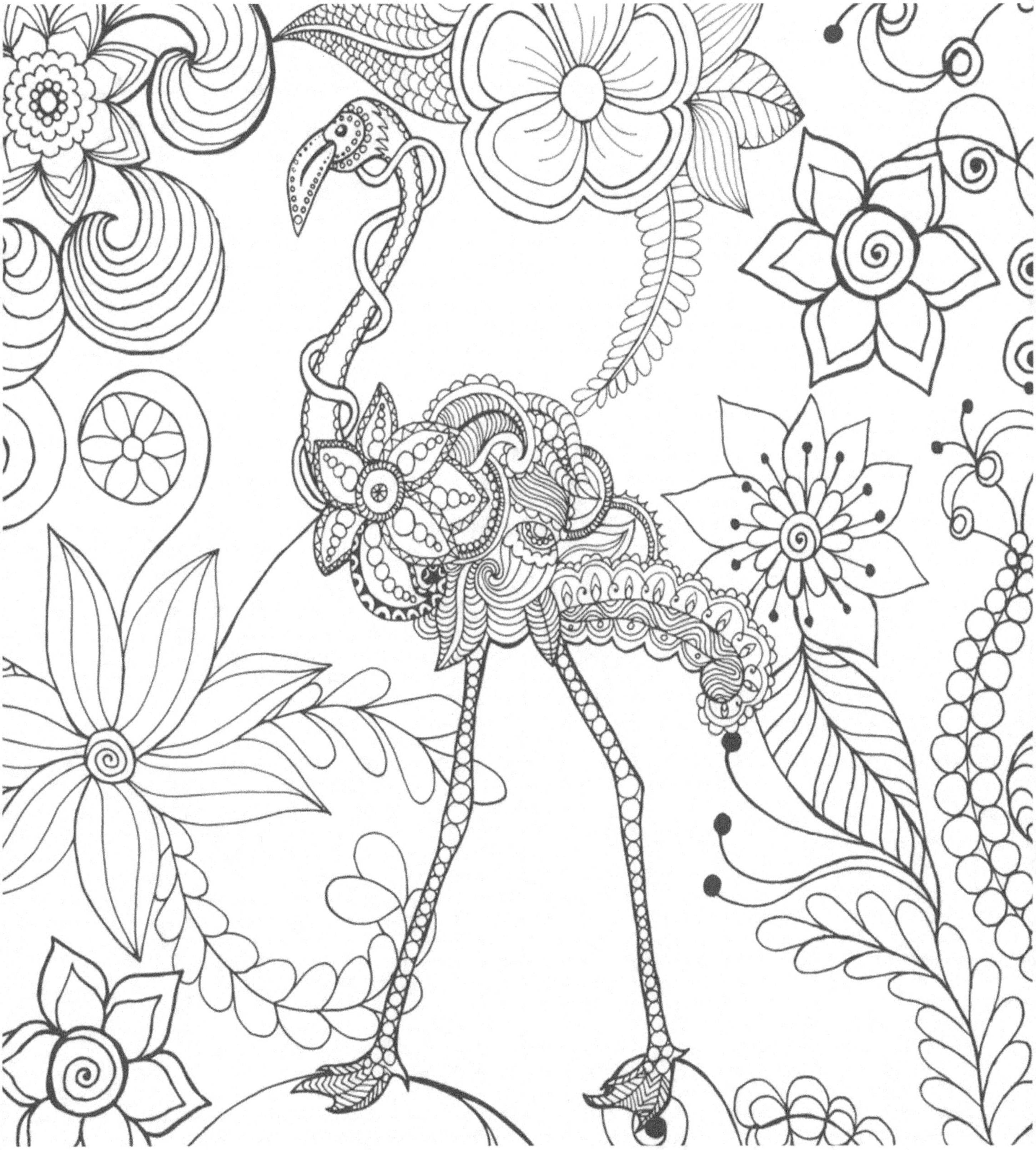

Color This Flamingo

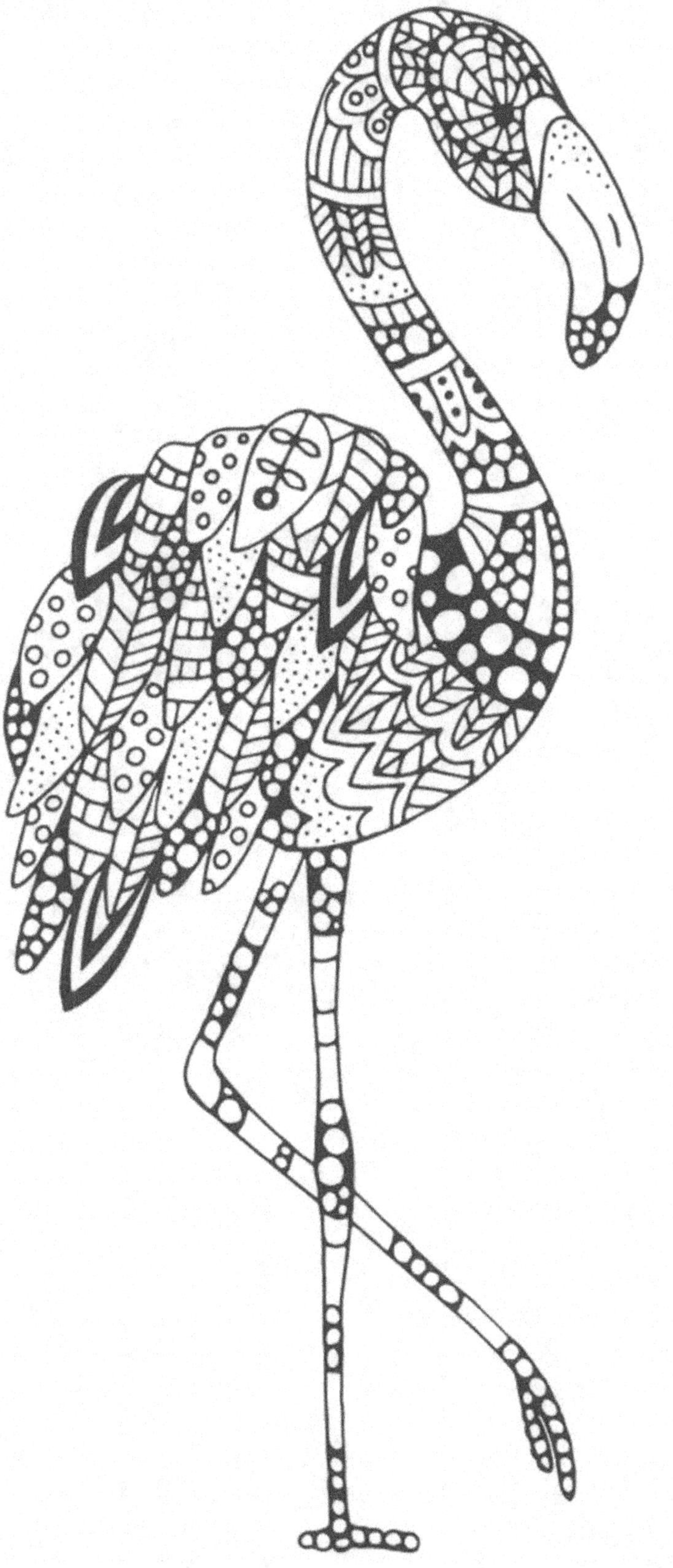

Color This Flamingo

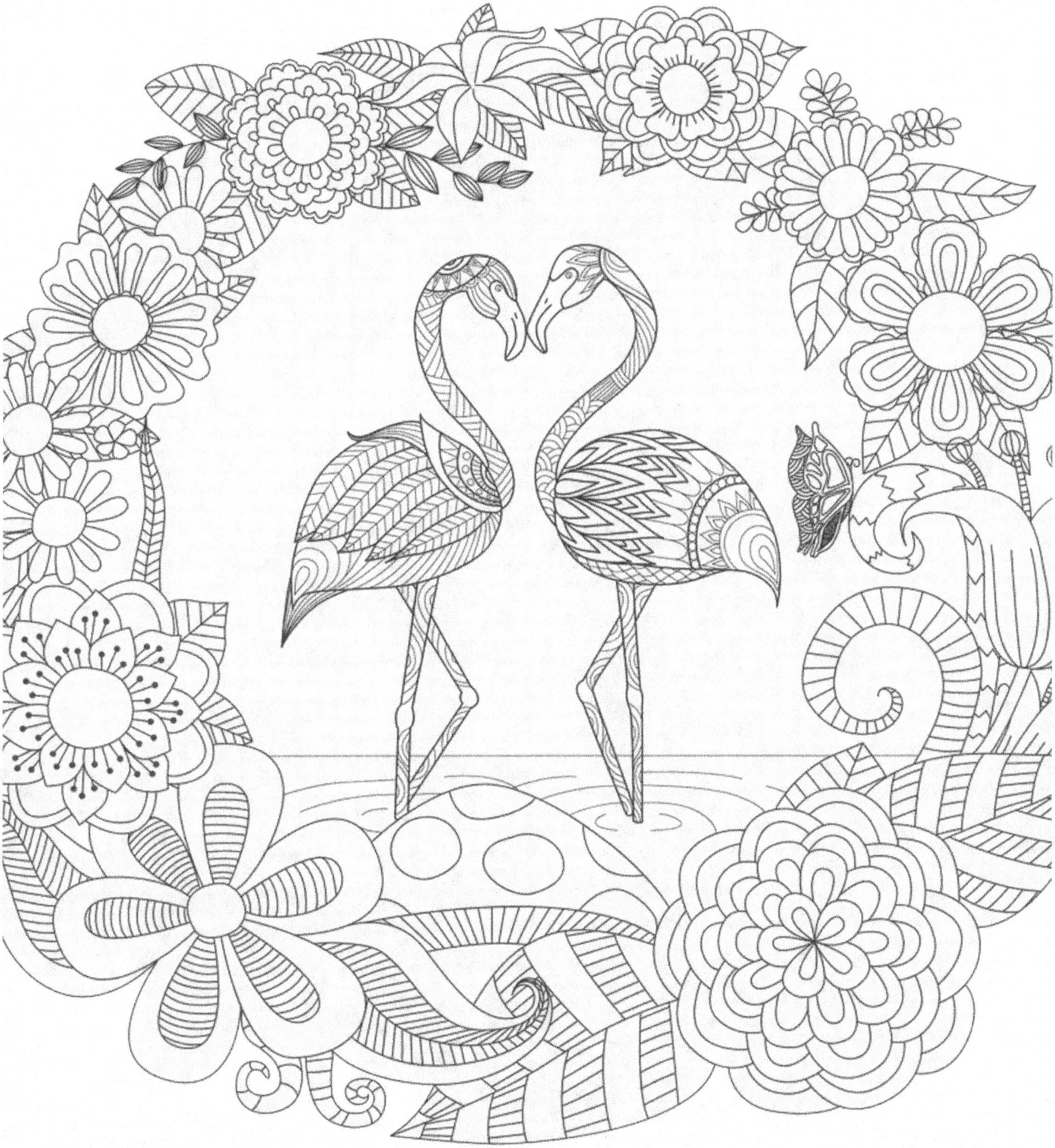

Color This Flamingo

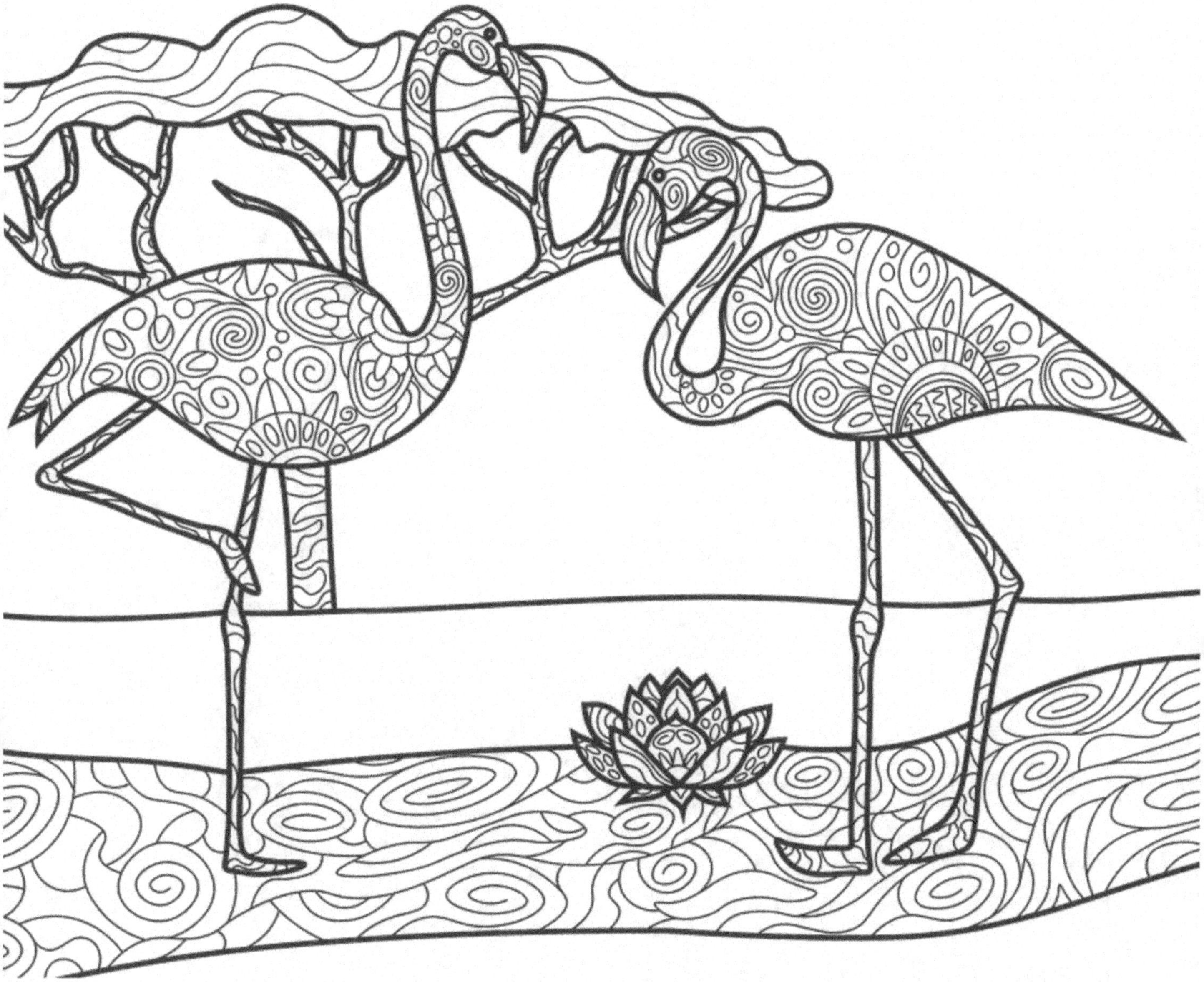

Color This Flamingo

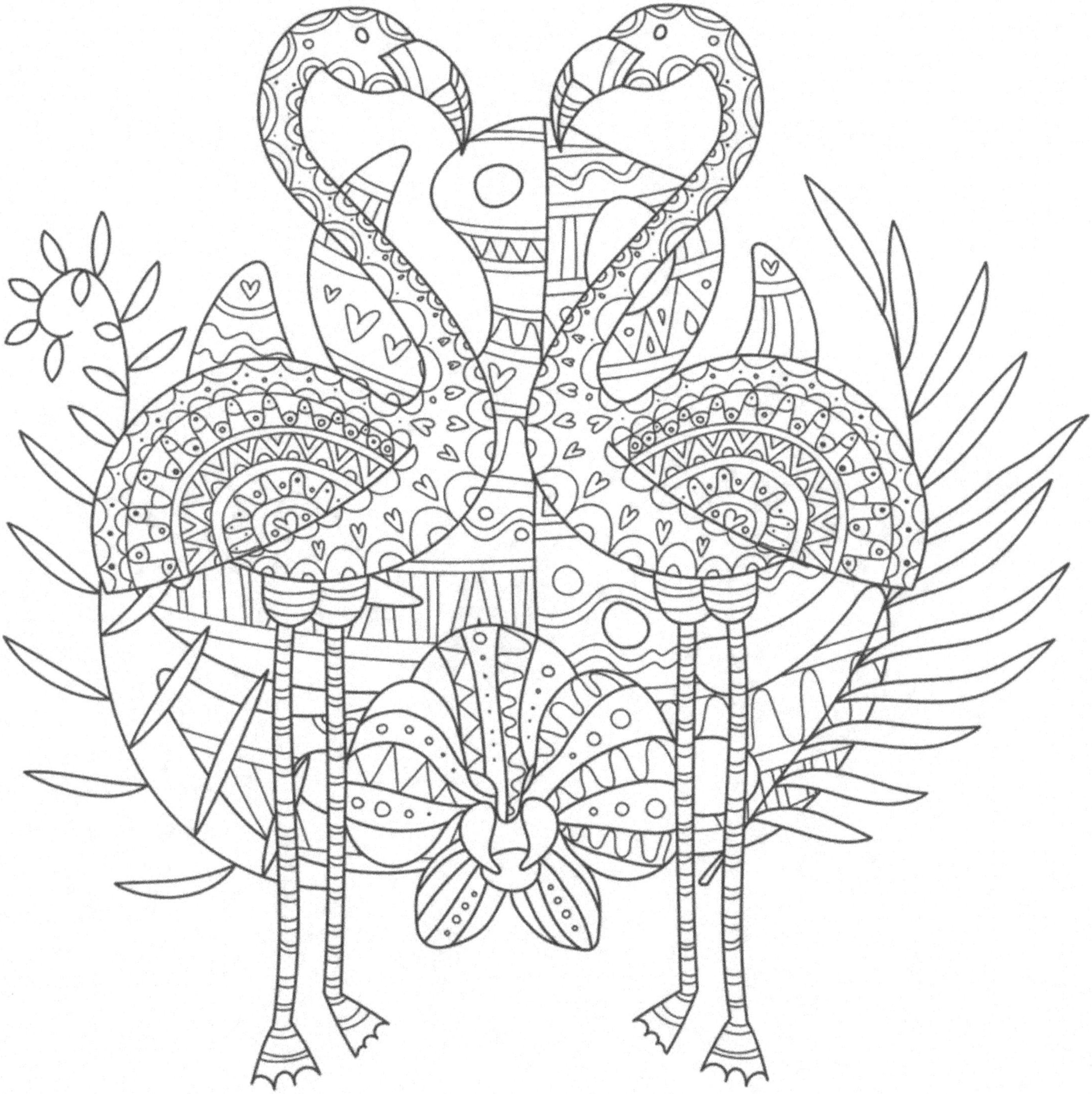

Color This Flamingo

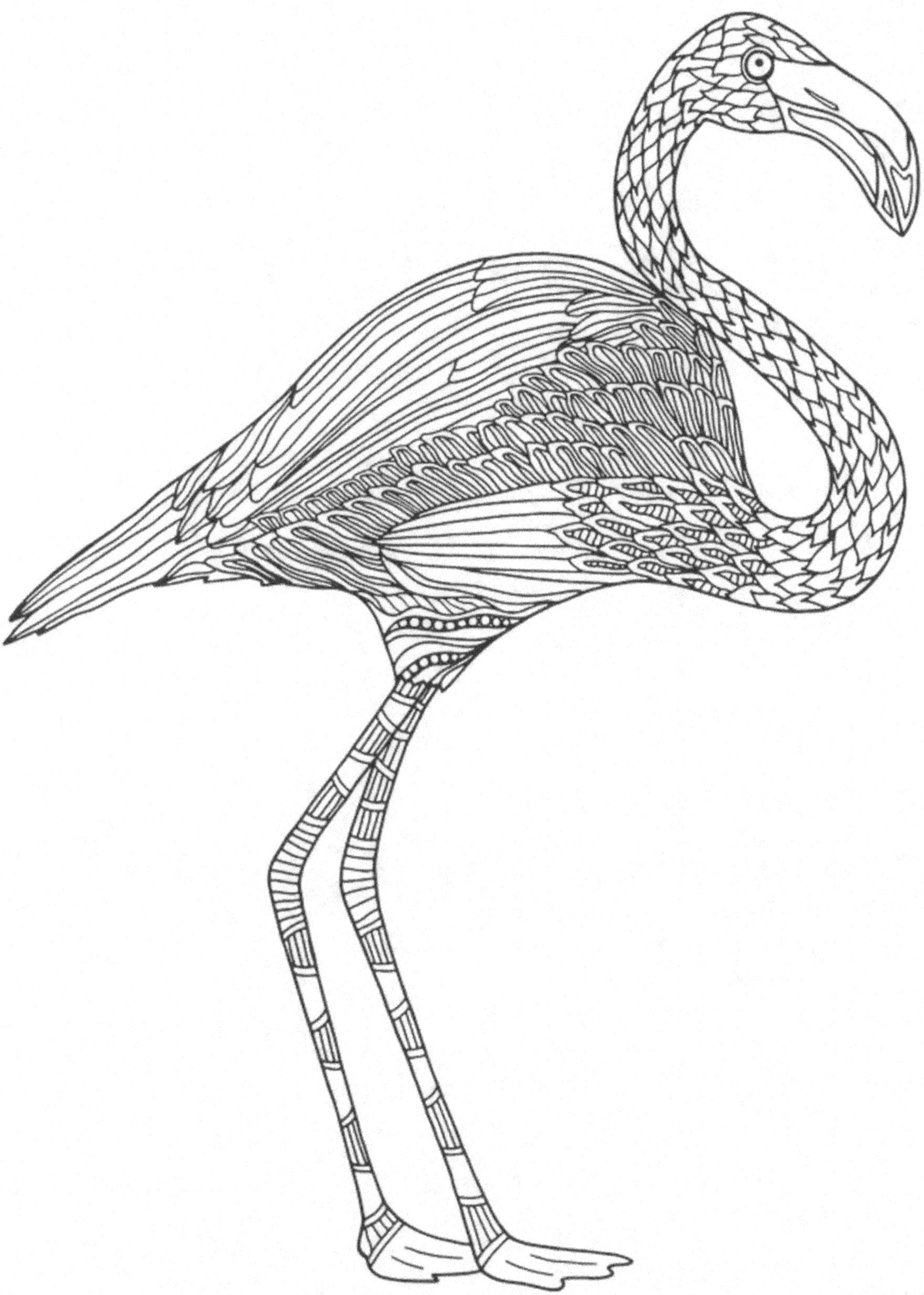

Color This Flamingo

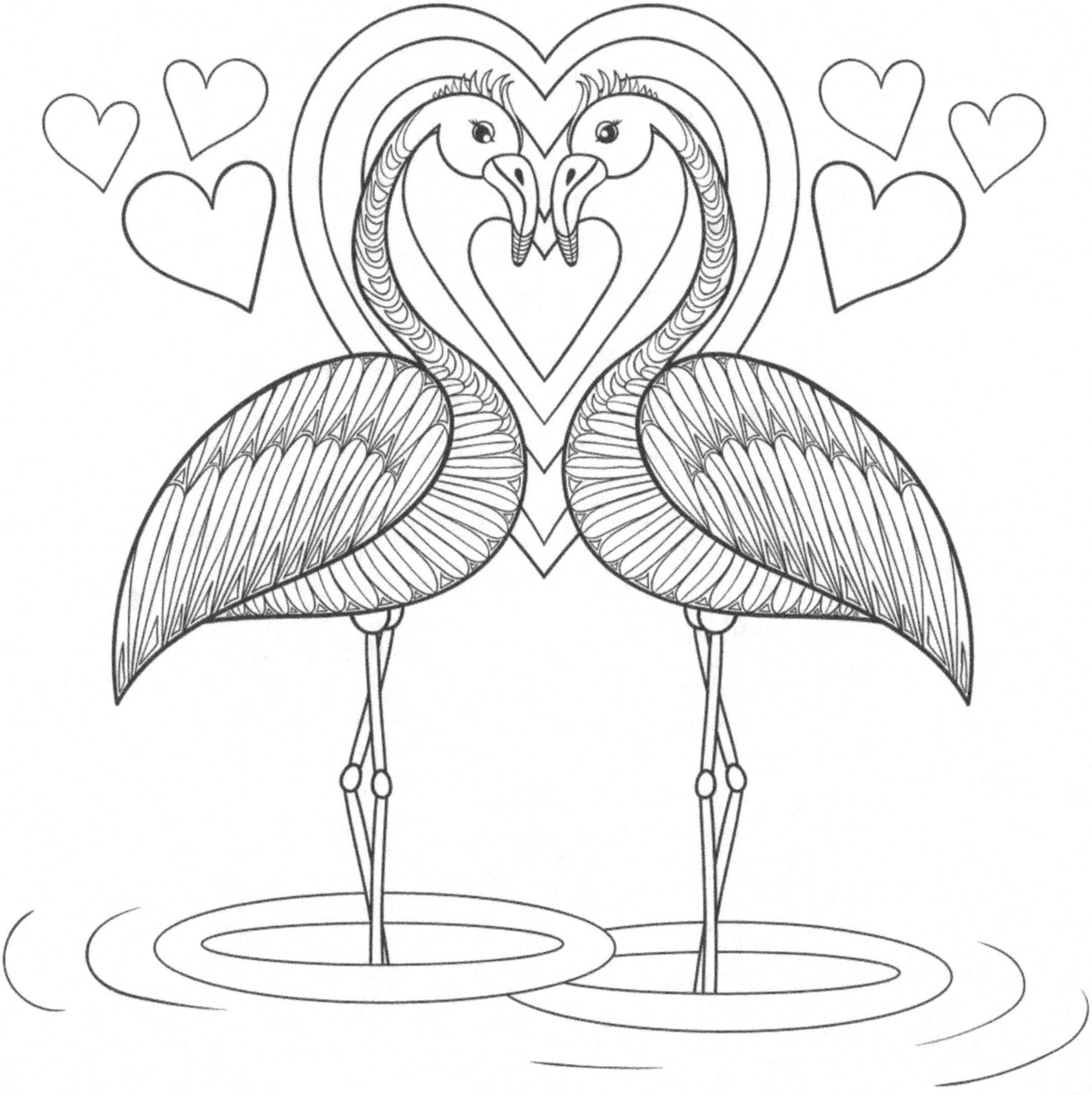

Color This Flamingo

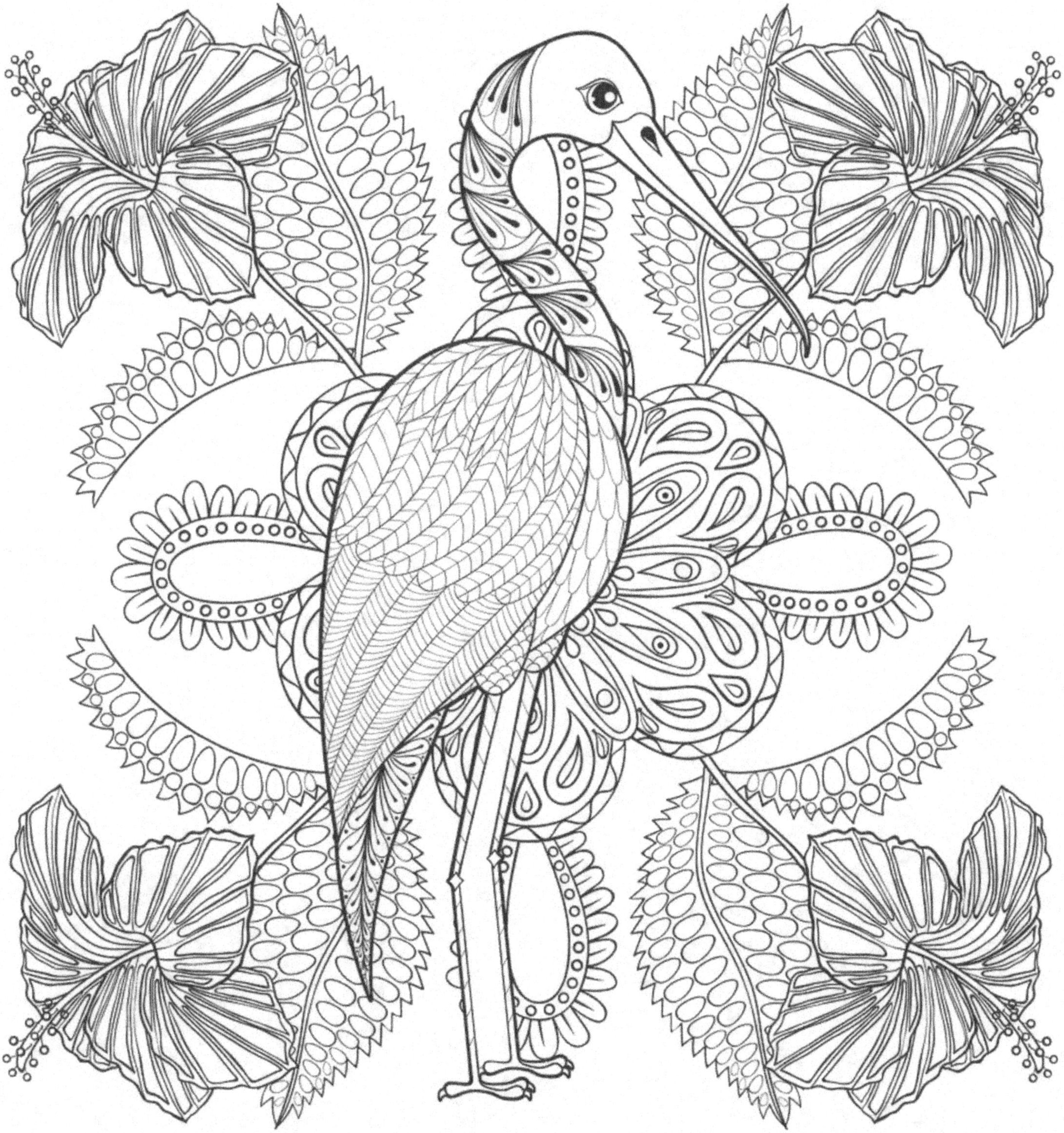

Color This Flamingo

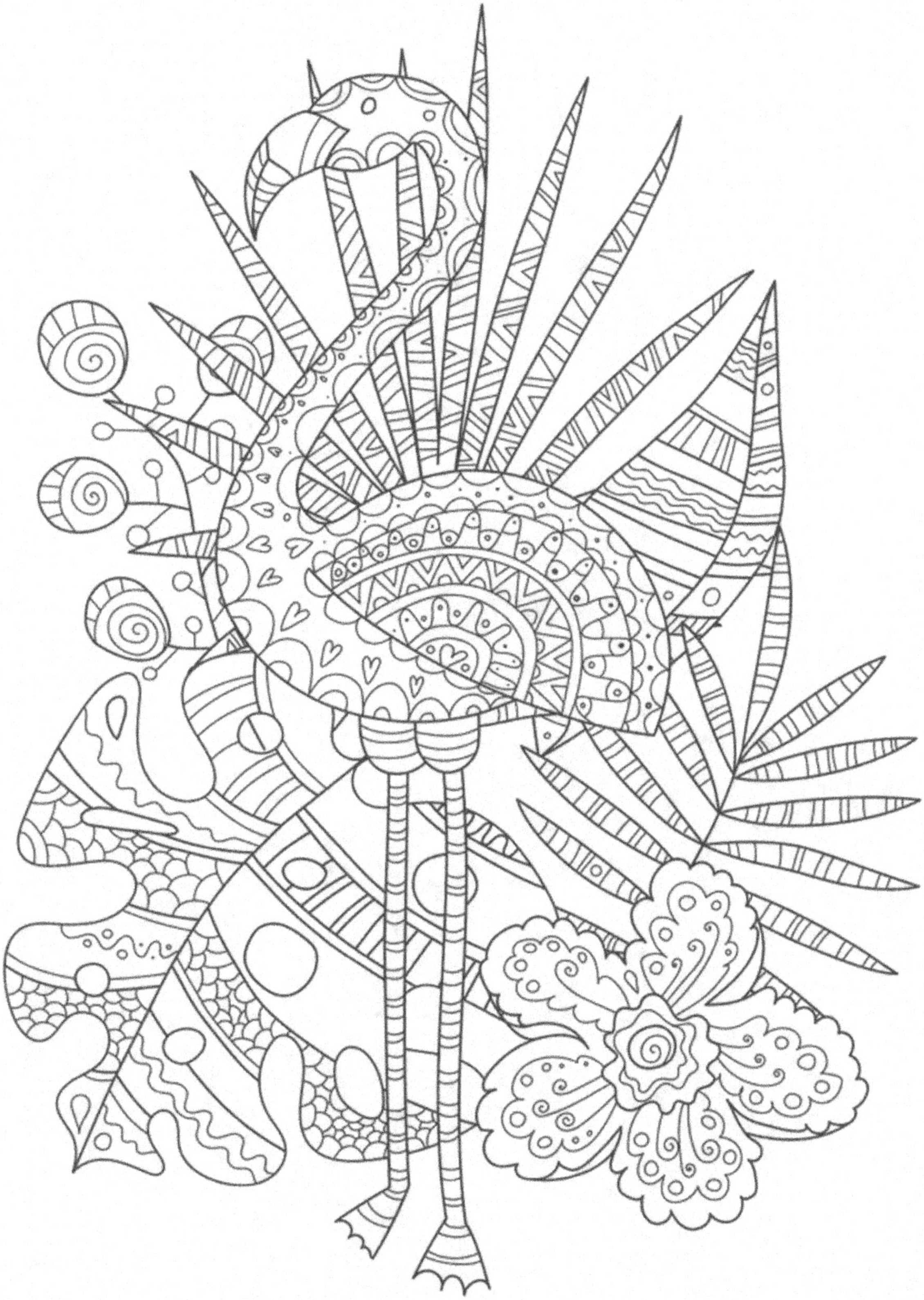

Color This Flamingo

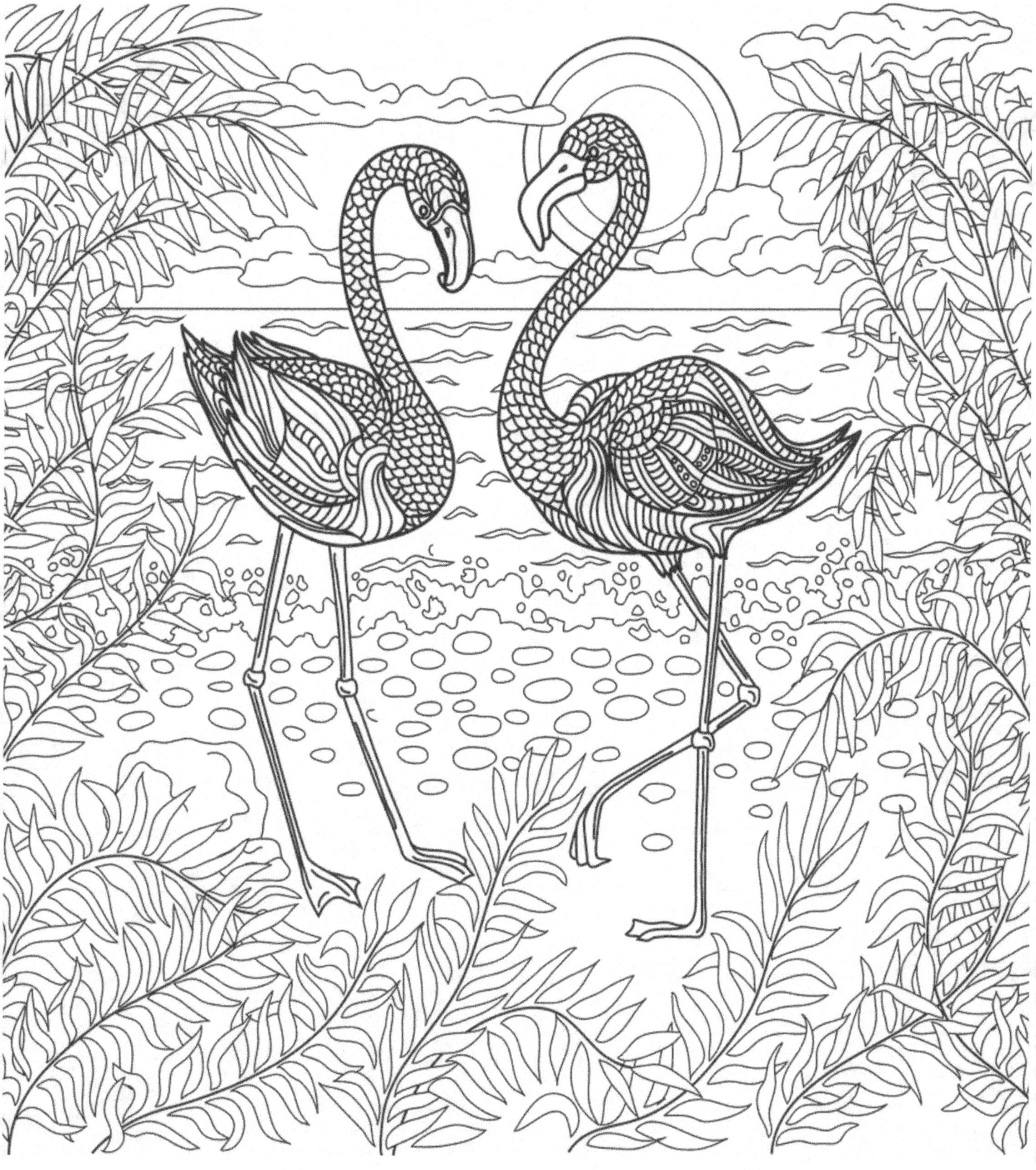

Color This Flamingo

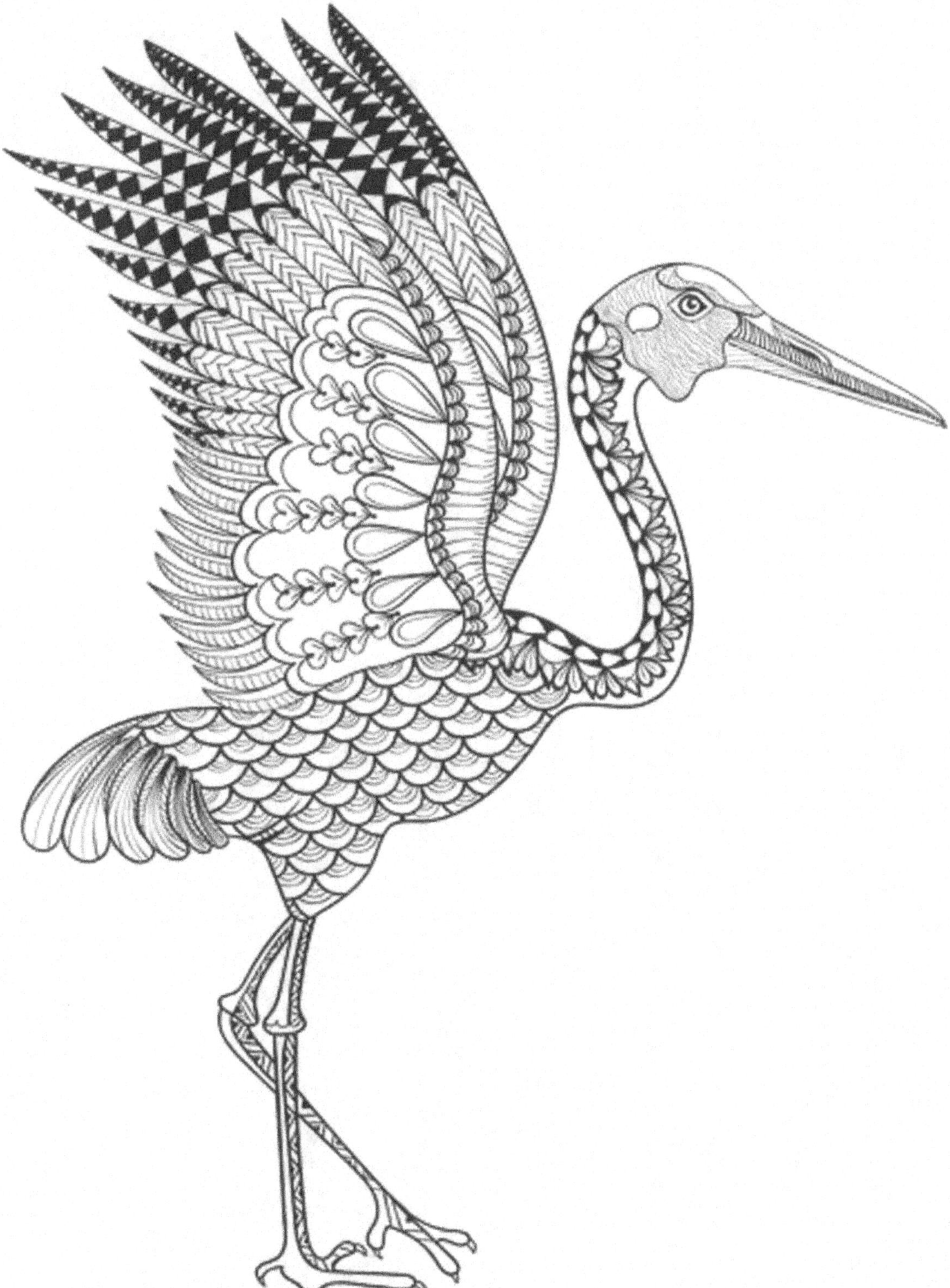

Color This Flamingo

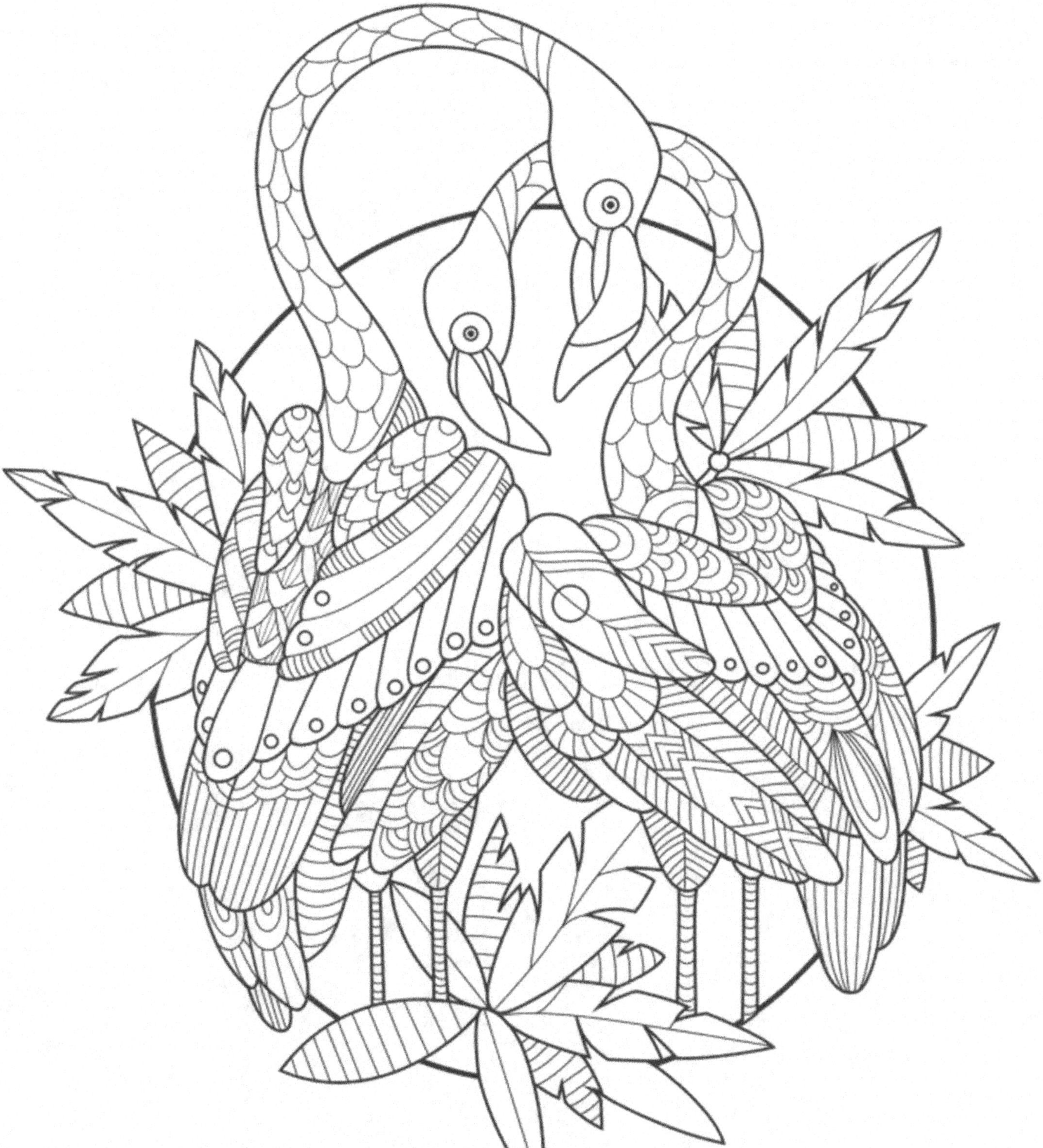

Color This Flamingo

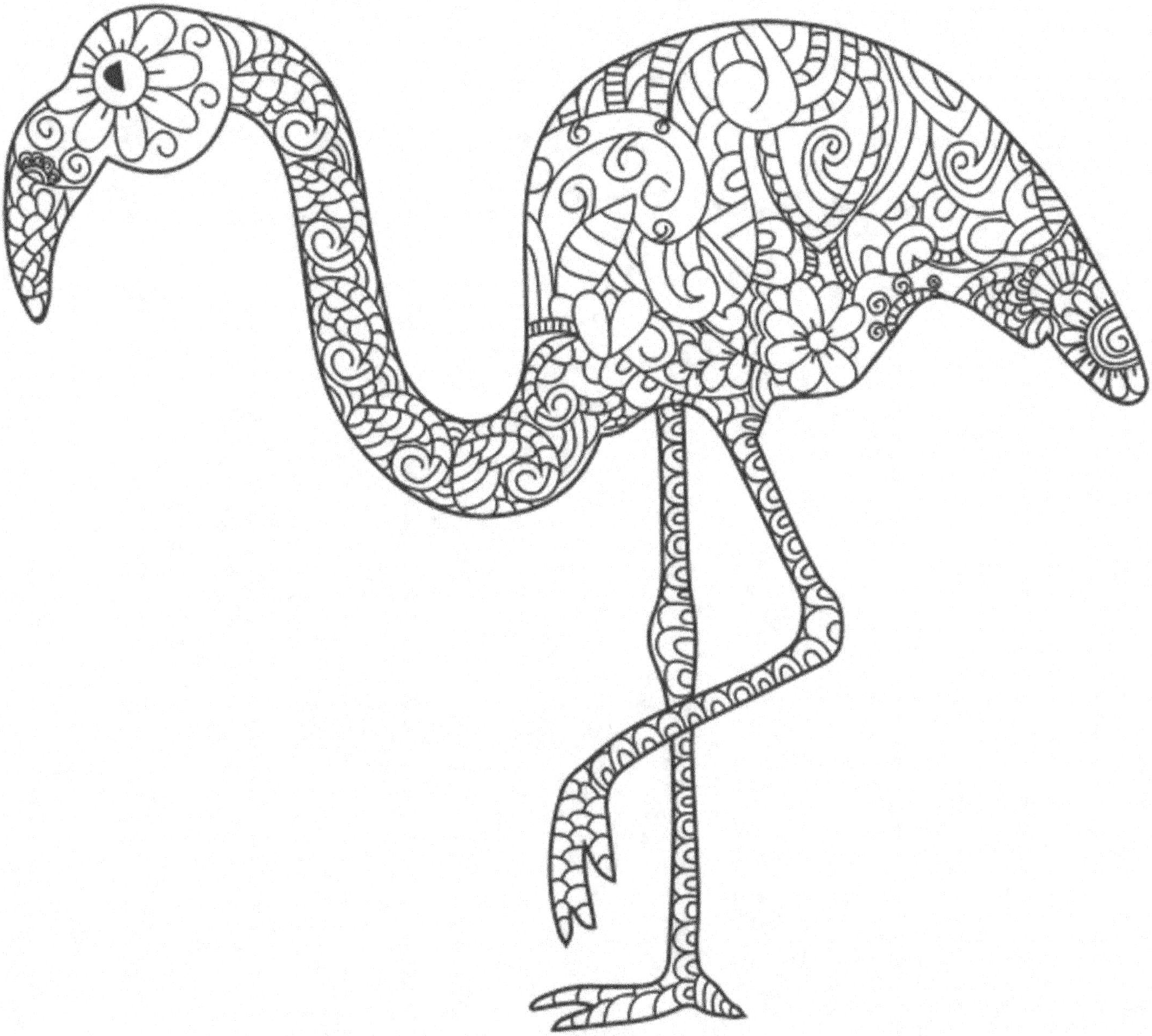

Color This Flamingo

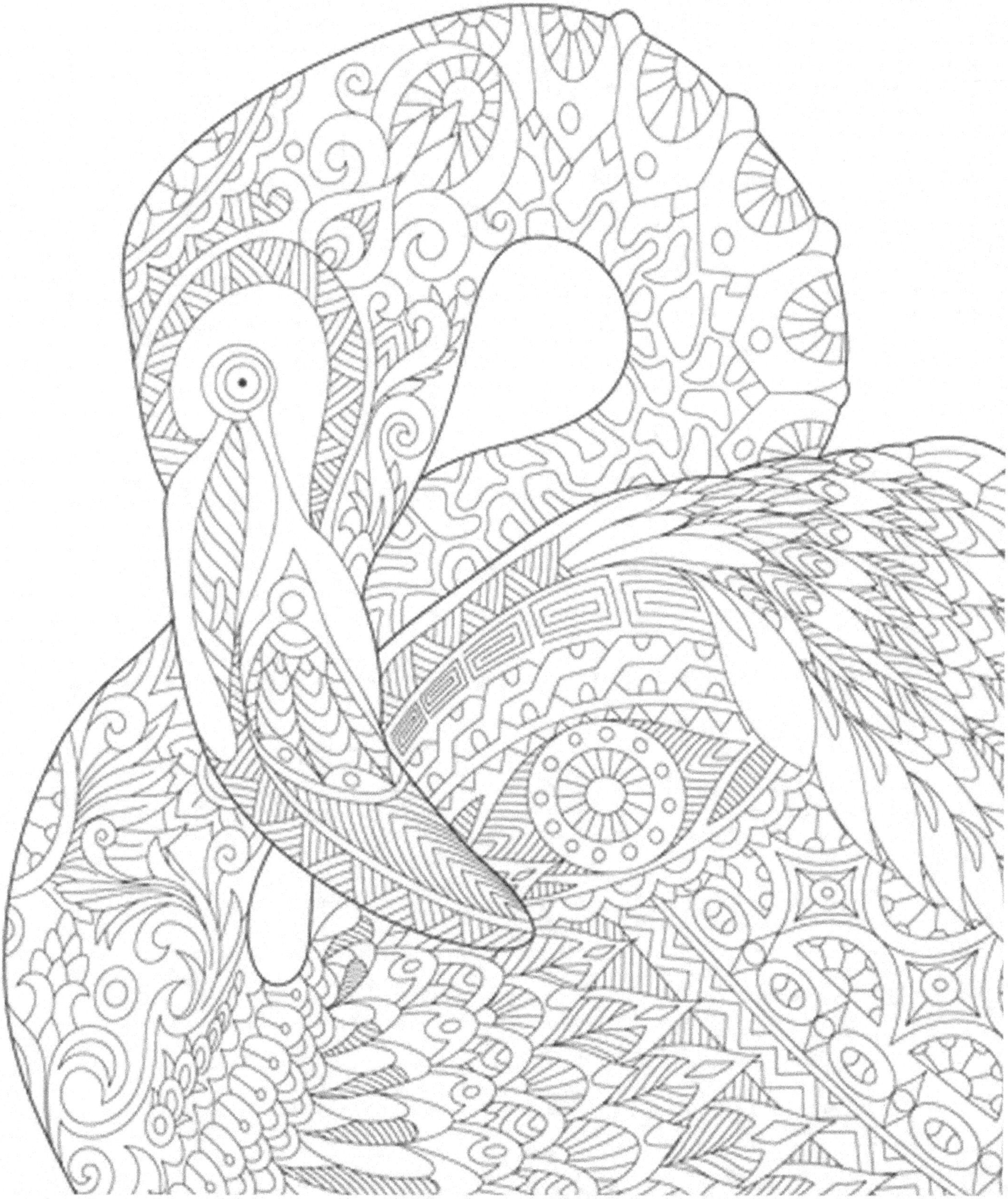

Color This Flamingo

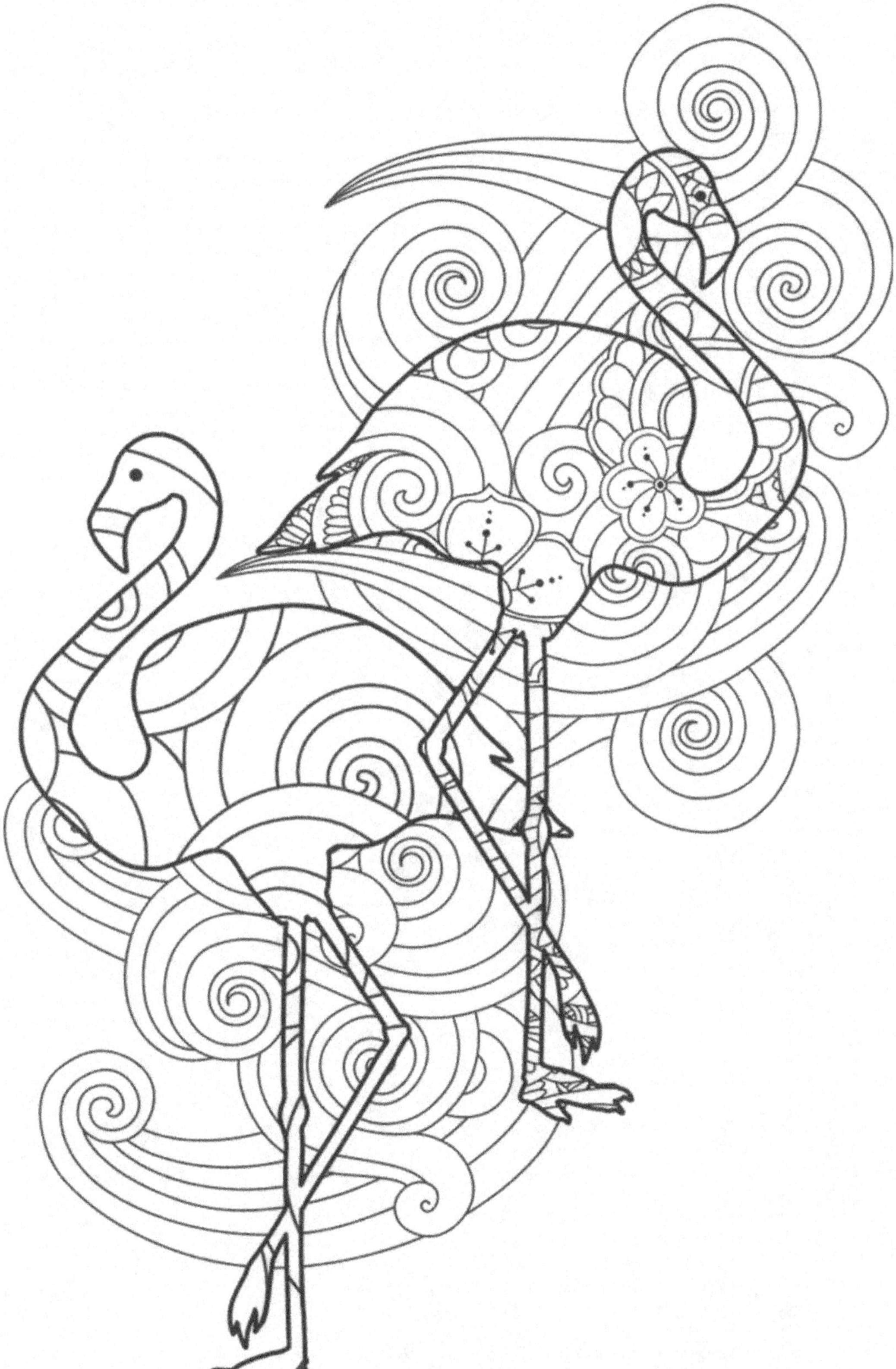

Color This Flamingo

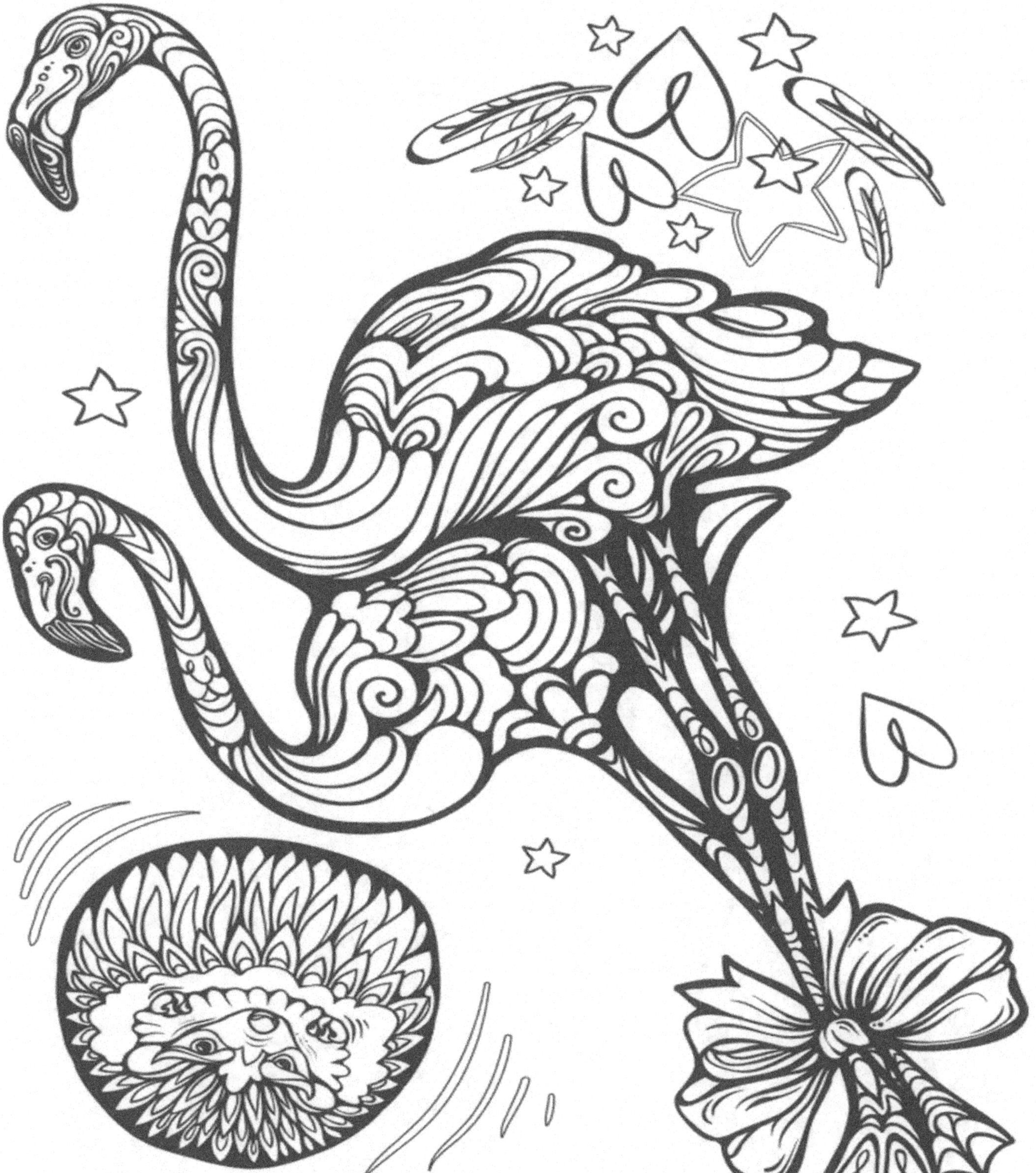

Color This Flamingo

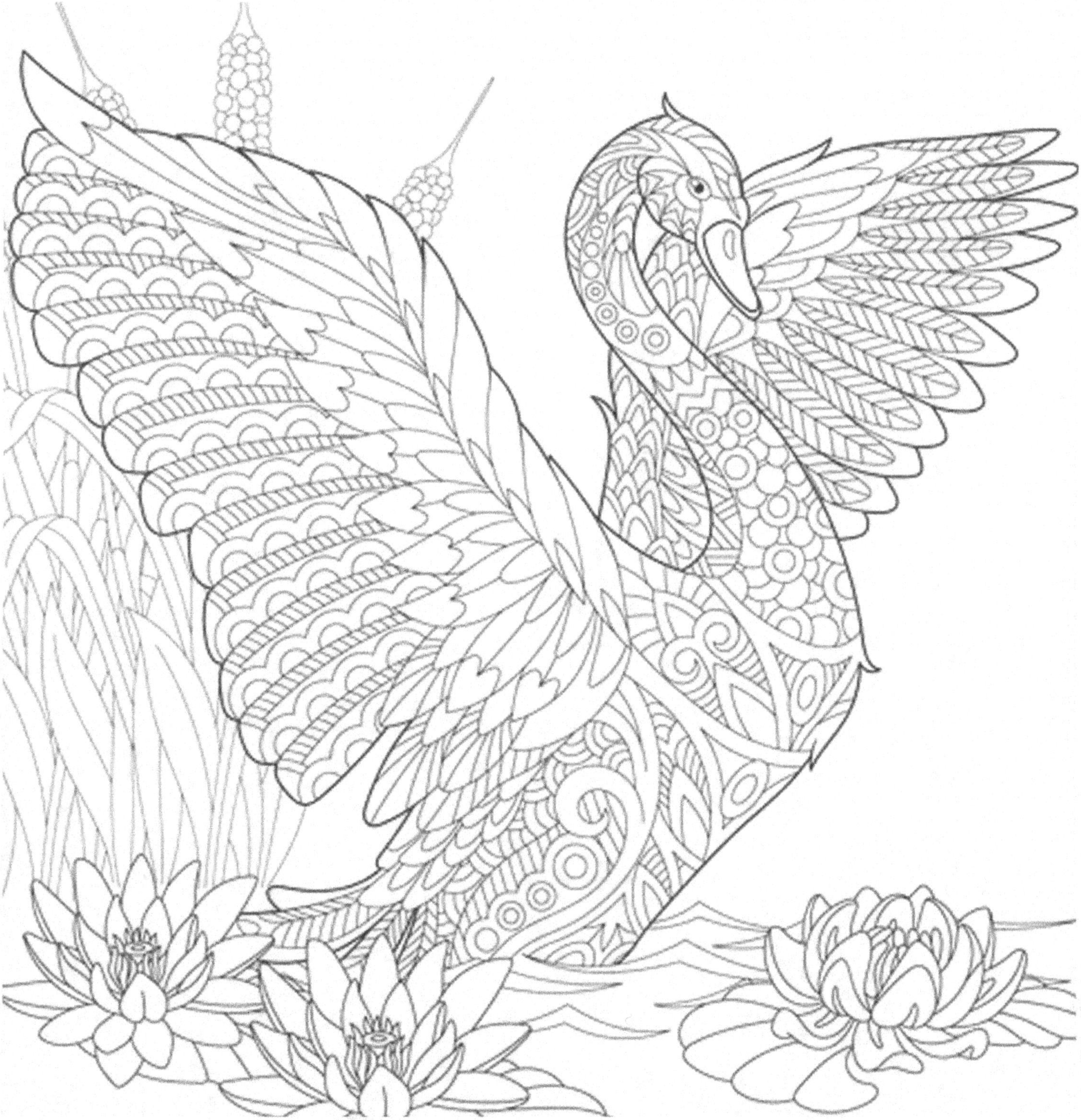

Color This Flamingo

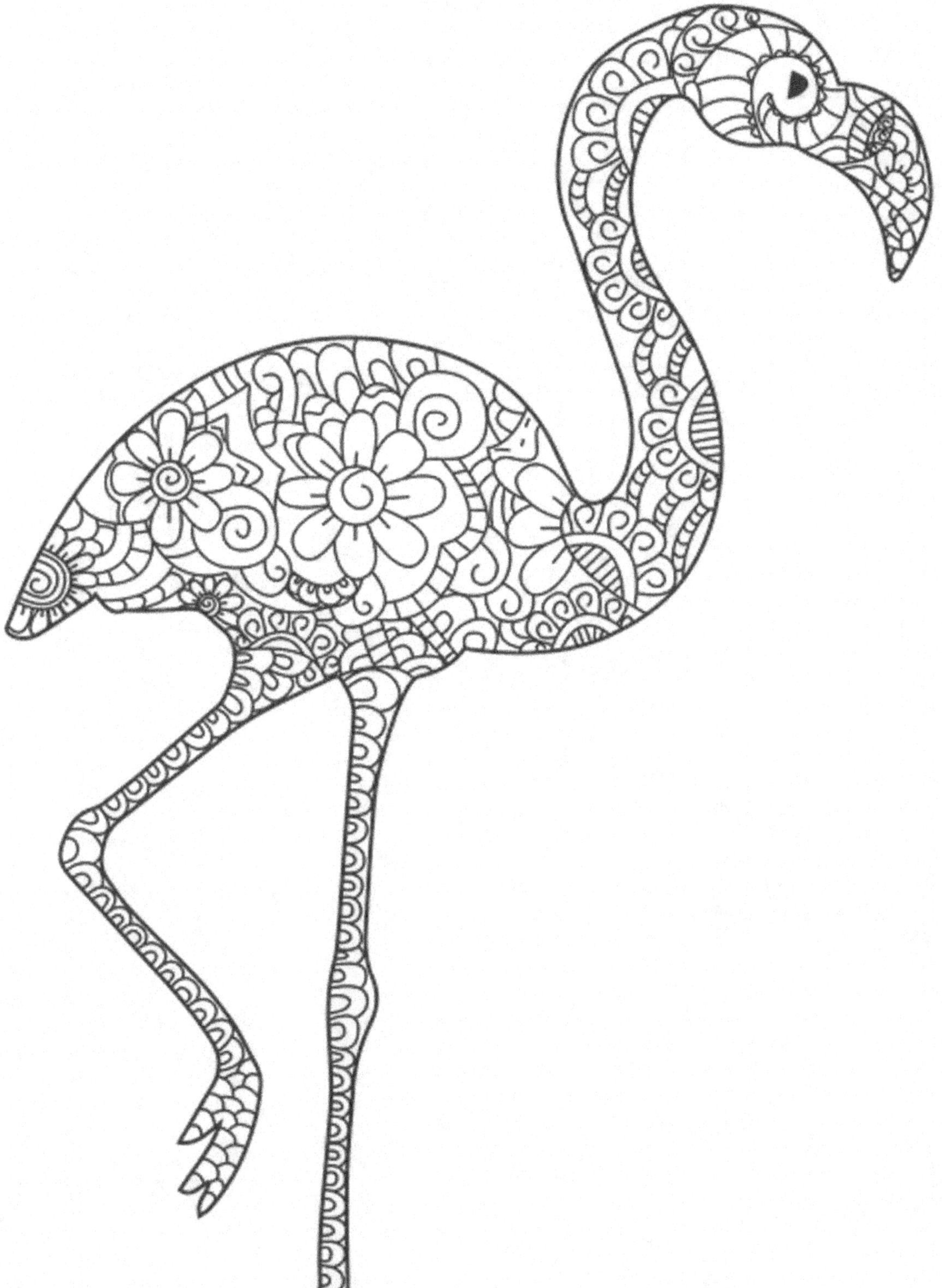

Color This Flamingo

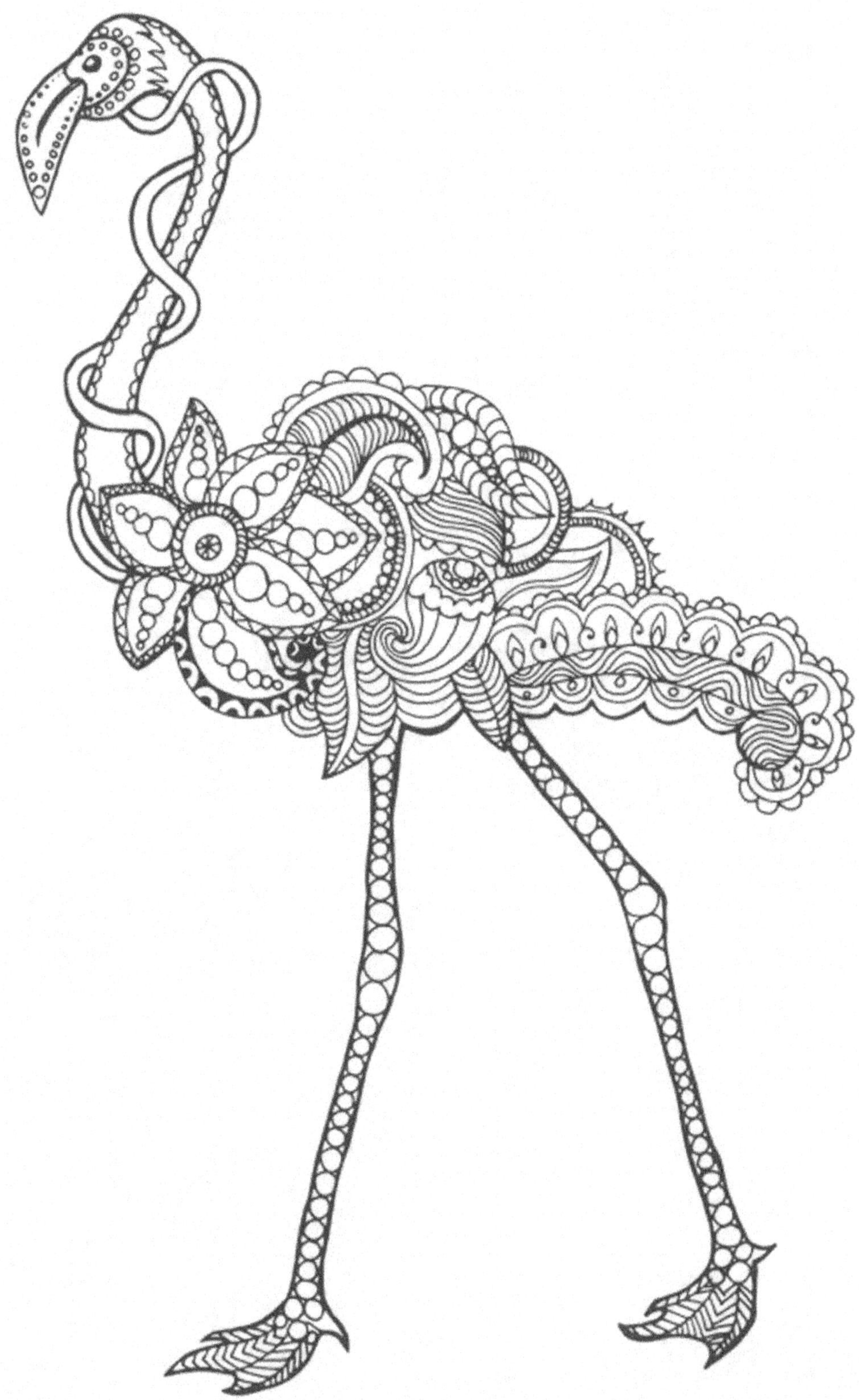

Color This Flamingo

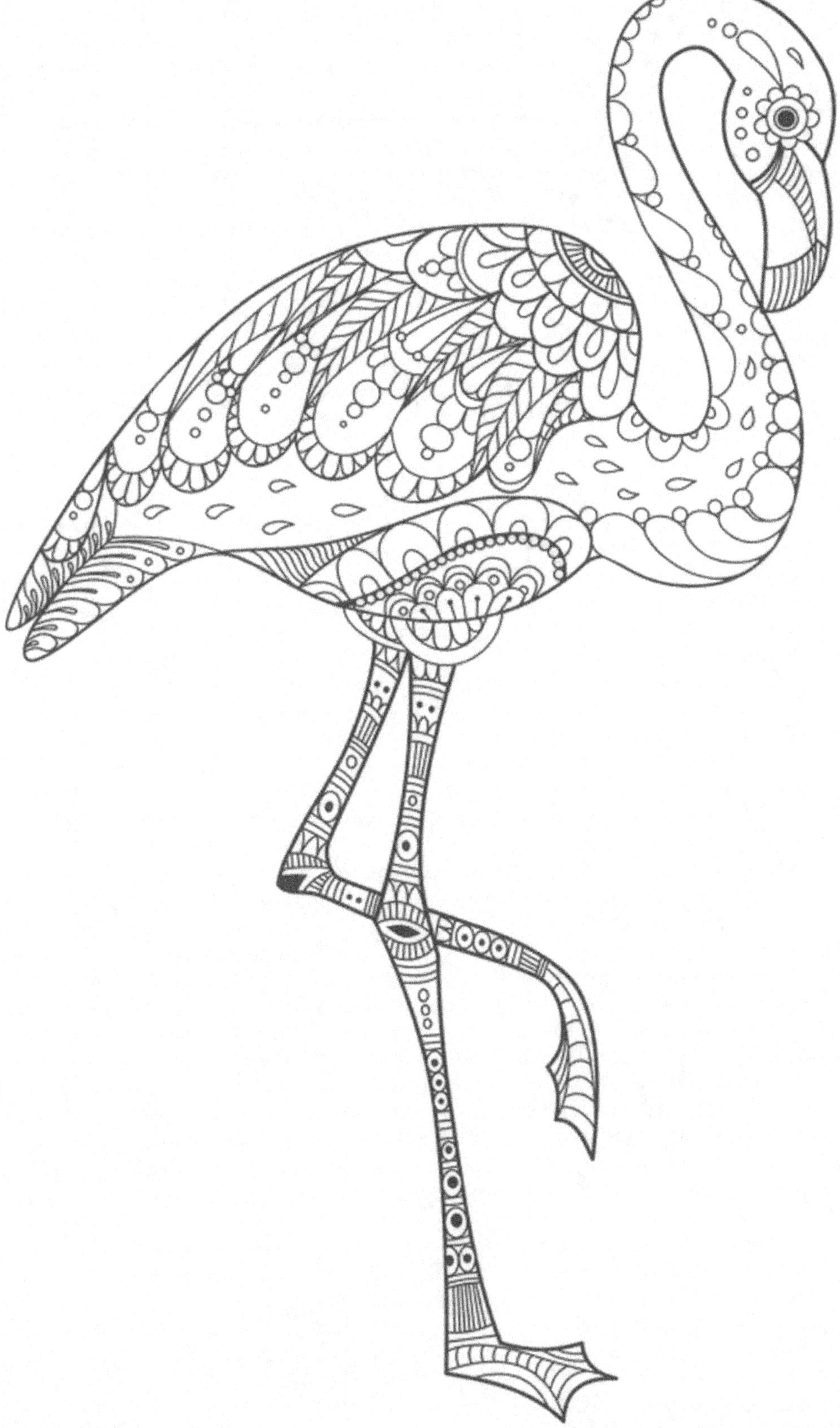

Color This Flamingo

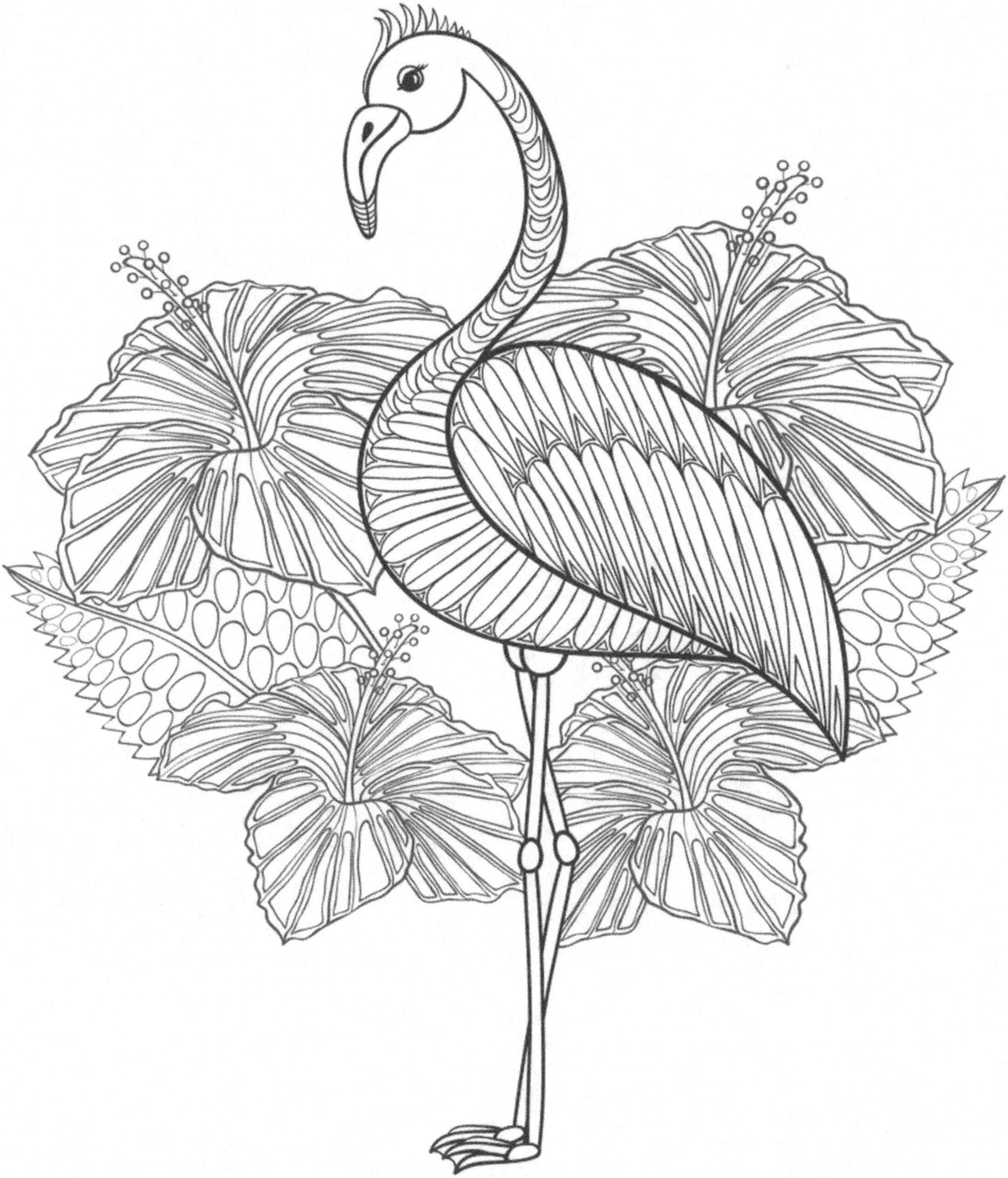

Color This Flamingo

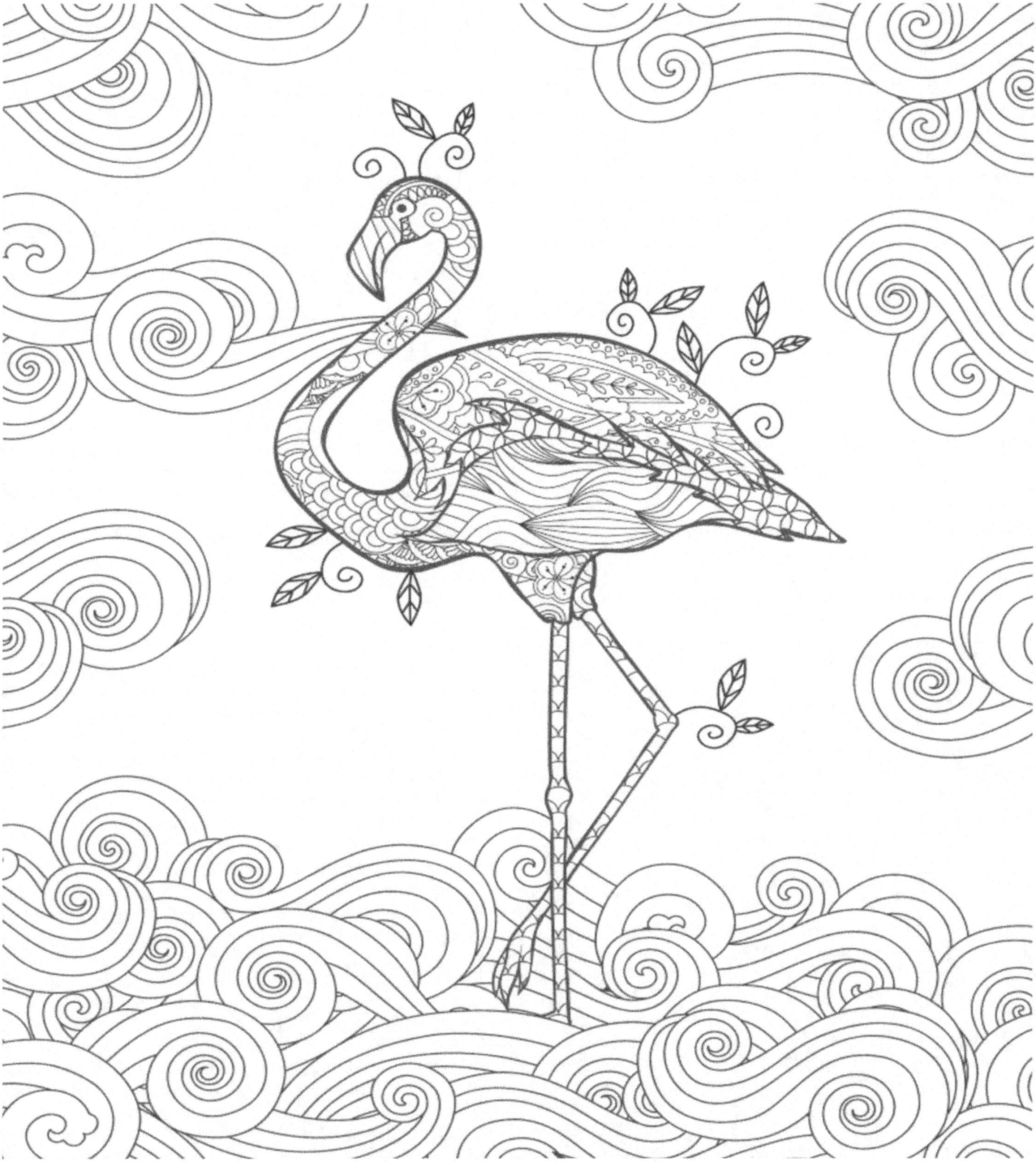

www.ingramcontent.com/pod-product-compliance
Lightning Source LLC
Chambersburg PA
CBHW080529220526
45465CB00006B/2645
9798676503260